ALPHABET DES OISEAUX

X

NERRE, libraire-éditeur, rue de Seine, 18, à Paris.

C.

7

19675

FAUCON PÊLERIN.

ALPHABET

DES

OISEAUX

PARIS

PAGNERRE, LIBRAIRE-ÉDITEUR

18, RUE DE SEINE, 18,

1857

PARIS. — IMP. SIMON RAÇON ET COMP., RUE D'ERFURTH, 1.

1ᵉʳ ALPHABET — MAJUSCULES

A B C D

E F G H

I J K L

M N O P

Q R S T

U V W X

Y Z

MINUSCULES

a b c d e f

g h i j k l

m n o p q r

s t u v w x

y z æ œ

VOYELLES

a e i o u *et* y

MAJUSCULES ANGLAISES

A B C D E F G
H I J K L M N
O P Q R S T U
V W X Y Z.

MINUSCULES ANGLAISES

a b c d e f g h i
j k l m n o p q r
s t u v w x y z.

CHIFFRES

1 2 3 4 5 6 7 8 9 0.

EXERCICES

POUR APPRENDRE A ÉPELER

Sons simples suivis d'une articulation simple.

ab	er	op	id	ap	el
et	nar	gul	sil	got	sit
yp	rat	nas	gat	zul	git
si	vic	sol	nal	vul	zab
	fac	doc	lit	pal	ful
	vol	vet	par	fil	rig

SUITE D'EXERCICES POUR APPRENDRE A ÉPELER

Sons simples précédés et suivis d'une articulation simple.

bel	bal	duc	toc
pos	bac	per	dur
lot	vil	soc	bec
cap	vol	fil	vas
gal	tor	mar	cop
zur	sal	sel	rig

Mots de deux syllabes.

â-me.	pa-pa.	ma-man.
jeu-di.	mar-di.	mi-ne.
mo-de.	é-cu.	jo-li.
Mé-dor.	a-mi.	gâ-teau.

SUITE D'EXERCICES POUR APPRENDRE A ÉPELER

Mots de trois et quatre syllabes.

ma-da-me.   ca-ba-ne.

vir-gu-le.   sou-ve-nir.

tor-tu-re.   pas-to-ral.

pec-to-ral.   cul-bu-te.

ré-col-te.   ar-se-nal.

mor-ta-li-té.   ri-va-li-té.

Thé-o-do-re.   ur-ba-ni-té.

pit-to-res-que.   en-tre-pre-nant.

en-tre-la-çant.   ar-ba-lè-te.

es-pé-ran-ces.

EXERCICES

POUR APPRENDRE A LIRE

PREMIÈRES NOTIONS D'HISTOIRE DES ANIMAUX

On divise les animaux répandus sur le globe :

1° En BIMANES

(ayant deux mains),

comme

l'Homme et la Femme.

2° En Quadrumanes

(ayant

quatre mains),

comme

les Singes.

3° En Quadrupèdes (animaux ayant quatre pieds),
comme les Chiens, les Chevaux, l'Éléphant.

4° En Reptiles, comme les Serpents.

5° En Bipèdes
(animaux n'ayant que
deux pieds),
comme
les Oiseaux.

6° En Insectes,

par exemple, les Abeilles, les Four-

mis, les Hannetons, etc.

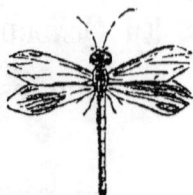

7° En Poissons, par exemple, les Harengs, les

Brochets, les Carpes, les Raies, etc.

8° En Coquillages,

comme

les Moules,

les Huîtres, etc.

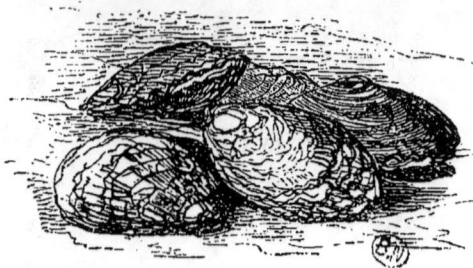

9° En Zoophytes, ou animaux-plantes, comme

les Éponges et le Corail.

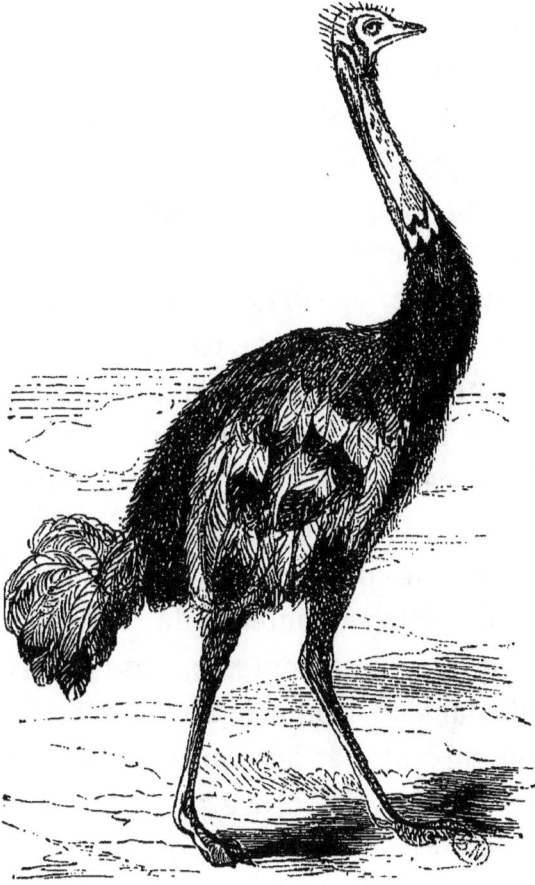

AUTRUCHE.

L'Autruche est le plus grand des oiseaux ; son cou
est très-allongé, sa tête très-petite et ses jambes très-

hautes. Elle ne vole pas, mais elle se sert de ses ailes pour accélérer sa course.

L'Autruche est très-vorace, et se nourrit de tout ce qu'elle rencontre; c'est de là que l'estomac d'Autruche est passé en proverbe. Ces oiseaux se réunissent dans les déserts en troupes nombreuses, qui, de loin, ressemblent à des escadrons de cavalerie. Toute leur force est dans leur bec, et surtout dans leurs pieds. Elles renversent un homme d'une ruade.

L'Autruche est au moins de la hauteur d'un cheval, on la monte comme on monte un coursier. Elle habite de préférence les lieux les plus solitaires et les plus arides.

Dans les régions intertropicales, l'Autruche ne couve pas ses œufs; elle se contente de les déposer sous le sable. Dans les autres contrées, ces oiseaux déposent leurs œufs dans un trou commun, au nombre de cinquante ou soixante, et les couvent à tour de rôle. La nuit, c'est le mâle qui couve pour défendre les œufs contre les Chacals, qui en sont très-friands. Les œufs sont très-gros et très-durs.

BÉCASSE.

La Bécasse est un des meilleurs gibiers. Sa grosseur est celle d'une perdrix. Son plumage est varié en dessus de taches et de bandes grises, rousses et noires; il est gris en dessous avec des lignes transversales noi-

2.

râtres. La Bécasse est extrêmement commune en France; c'est un oiseau de passage. Il y arrive en automne. C'est pendant la nuit qu'il accomplit son voyage, quelquefois pendant le jour, mais par un temps sombre et nébuleux. Aussi pense-t-on que sa vue est mauvaise et qu'il ne peut souffrir un grand jour. La Bécasse voyage seule, quelquefois avec une compagne, mais jamais en troupe. C'est un oiseau assez stupide, et qui tombe facilement dans les piéges qu'on lui tend.

A l'approche du printemps il se retire dans les montagnes, où il passe l'été.

La Bécasse fait son nid par terre, sans aucun art et très-grossièrement. Les petits quittent le nid aussitôt qu'ils sont nés et se mettent à courir dans les champs. Quelquefois leurs mères les prennent sous leurs ailes et les emportent très-loin. Le père ne quitte pas sa place tant qu'ils ont besoin de lui. Pendant le jour, les bécasses se tiennent cachées dans les taillis, les futaies ou les haies. A la nuit, elles se répandent dans les clairières, recherchant les endroits humides et les mares pour se laver le bec et les pieds. Elles cherchent leur nourriture avec leur bec, qui est très-long. Cette nourriture se compose de vers et d'insectes.

CYGNE.

Le Cygne, roi paisible des oiseaux d'eau, décore et embellit tous les lieux qu'il fréquente, et plaît autant par sa beauté que par la douceur de son naturel ; on l'aime, on l'applaudit, on l'admire.

A sa noble aisance, à la facilité, à la liberté de ses

mouvements sur l'eau, on doit le reconnaître comme le plus beau modèle que la nature nous ait offert pour l'art de la navigation. Son cou élancé et sa poitrine relevée et arrondie semblent en effet figurer la proue d'un navire; son large estomac en représente la carène; son corps, penché en avant pour cingler, se redresse à l'arrière et se relève en poupe; la queue forme le gouvernail; les pieds sont de larges rames, et ses grandes ailes, demi-ouvertes au vent et doucement enflées, sont les voiles qui poussent ce vaisseau vivant, navire et pilote à la fois.

Le Cygne se nourrit d'herbes et de poisson. En pêcheur rusé, il prend mille attitudes diverses pour le tromper, et tire tout l'avantage possible de son adresse et de sa force. Il est très-propre et fait toilette assidue chaque jour. Son existence est fort longue; on porte la durée de sa vie jusqu'à trois cents ans.

Les Cygnes qui ornent les pièces d'eau des grands parcs et qui ont le plumage d'une blancheur éclatante viennent de l'hémisphère boréal. On compte encore trois autres espèces de Cygnes : le Cygne gris ou sauvage, le Cygne dont la tête et le cou sont noirs, et enfin le Cygne noir (*Anas plutonia*), que l'on rencontre à la Nouvelle-Hollande.

DINDON.

Le Dindon est le plus gros des oiseaux de basse-cour; il n'est guère utile que le jour de sa mort, où il fournit à nos tables une chair délicieuse. Sa tête est petite; elle est recouverte, ainsi qu'une partie du cou, d'une peau bleuâtre. Sous son cou il porte une espèce de barbillon rouge et flottant. Il y a des Dindons noirs, blancs et de couleurs changeantes.

Le Dindon n'aime pas la couleur rouge : quand on lui présente un morceau d'étoffe de cette couleur, il s'élance, l'attaque à coups de bec, et fait ses efforts pour éloigner un objet dont la présence lui est insupportable.

Il mange du grain, des herbages, des fruits pourris, des glands, etc. Il aime à marcher par bandes, et il est très-docile. Un enfant suffit à en conduire un troupeau.

Tous les naturalistes s'accordent à donner l'Amérique pour patrie primitive au Dindon. On le trouve encore dans ce pays à l'état sauvage. Il est le double de la grosseur du Dindon domestique.

ENGOULEVENT.

L'Engoulevent est un petit oiseau pas plus grand qu'une grive; son plumage est d'un gris brun, ondulé et moucheté de noir. Il se nourrit de hannetons, de

bourdons et de guêpes. Son cri a quelque ressemblance
avec le coassement des reptiles; de là lui est venu
son nom vulgaire de CRAPAUD VOLANT.

Cet oiseau se trouve presque partout en Europe;
mais il est plus commun dans le Midi que dans le Nord.
Il pond seulement deux œufs, et ne se donne pas la
peine de faire un nid. Je trouvai un jour des petits
par terre sans aucune apparence de nid; je les pris,
les examinai et les replaçai un peu plus loin que l'endroit où je les avais pris. Vers le soir, le père et la
mère vinrent; ils s'approchèrent de leurs petits et
s'aperçurent qu'ils étaient dérangés; ils les poussèrent
à l'endroit où ils étaient précédemment, puis ils leur
donnèrent à manger.

L'Engoulevent fait aux hannetons une guerre meur-
trière et acharnée. Lorsque le mâle ou la femelle a
reconnu une bande de hannetons, il fait claquer ses
ailes en les agitant très-violemment. A ce signal son
compagnon arrive, et tous deux se mettent à la pour-
suite des hannetons, dont ils font ainsi une destruc-
tion immense; ils les avalent tout entiers et avec une
telle rapidité, qu'on en trouve dans leur estomac qui
sont encore tout vivants.

FAISAN.

FAISAN.

Ne croiriez-vous pas que l'on a peint et doré le plumage des Faisans de la Chine? Ils sont moins beaux que le paon, mais ils sont plus variés. Rien n'est délicat comme la chair du Faisan.

Élevé dans la basse-cour, le Faisan est un objet d'industrie domestique, aussi lucratif qu'agréable ; mais, abandonné au milieu des champs, il est un fléau pour l'agriculture, puisqu'il ne se contente pas, comme la perdrix, de couper les premières feuilles du froment, du seigle, de l'avoine, à mesure qu'elles poussent ; il fouille la terre, saisit le germe et le mange. A l'état libre, le Faisan se tient généralement dans les bois et les plaines où se trouvent une ou plusieurs sources conservant leur eau limpide. Il y en a dans plusieurs parties de la France. A l'état de domesticité, on le renferme dans un petit enclos, qu'on appelle faisanderie. Sa chair, excellente, est très-recherchée. C'est lorsque le Faisan est jeune que sa chair a le plus de délicatesse et de fumet.

La durée ordinaire de la vie du Faisan est de sept à huit ans.

GEAI.

Le Geai est moins gros que la pie ; il vole assez mal ;
il est d'une couleur et d'un vert gris vineux ; chacune

de ses ailes est émaillée de différentes nuances de bleu. Cette parure suffit à le distinguer de tous les autres oiseaux de l'Europe. Il a de plus sur le front un toupet de plumes noires, bleues et blanches. En général toutes ses plumes sont extrêmement douces au toucher, et il sait, en relevant celles de la tête, se faire une huppe qu'il abaisse à son gré.

Il est fier, pétulant, a les sensations vives, les mouvements brusques et se met dans de grandes colères : aussi a-t-il bientôt gâté tout son beau plumage quand on le tient enfermé. Il se nourrit de graines, d'insectes et de glands. Il fait des provisions quand il trouve plus de nourriture qu'il n'en peut consommer. On l'instruit facilement et il imite tous les sons. Il rend même assez bien les airs corrects. On peut l'habituer à aller aux champs et à revenir coucher dans sa cage. Il vit de huit à dix ans.

Il y a une espèce de Geai, dont toutes les plumes sont de couleur blanche, ainsi que les pieds et le bec, et les yeux rouges.

HIBOU VULGAIRE.

Le Hibou est répandu dans toute l'Europe et est très-commun en France. Son plumage est fauve avec des taches brunes sur le dos. Il est de la grosseur d'une corneille.

Le hibou est un oiseau sombre, laid, repoussant, solitaire. Il habite les cavernes, les ruines, le creux des vieux arbres et le fond des forêts. Il se tait durant le jour; la nuit, il fait entendre un cri plaintif, une sorte de gémissement long et triste. Il ne construit de nid que très-rarement. Il trouve plus commode de déposer ses œufs dans de vieux nids abandonnés. Quand il ne trouve pas de gibier à sa disposition, il vient dans les granges pendant la nuit et mange les souris et les mulots. Au premier rayon de soleil, il regagne son antre obscur. Il y a un grand nombre d'espèces de Hiboux. Celui que notre gravure représente est le Hibou commun.

Le plus remarquable des Hiboux est le Grand Duc : il paraît presque aussi grand que l'aigle commun; on le reconnaît aisément à sa grosse figure, à son énorme tête, à ses grands yeux fixes et transparents. Les animaux qu'il chasse de préférence sont les jeunes lièvres, les lapins, les taupes, qu'il avale tout entiers. Il ne digère que la chair et vomit le poil, les os et la peau en pelotes arrondies. Il mange aussi les serpents, les chauves-souris, les lézards, les crapauds, les grenouilles. Il chasse avec tant d'activité, que son nid regorge toujours de provisions.

IBIS.

Il est peu de personnes qui n'aient entendu parler
de cet oiseau célèbre dans l'antiquité. L'ancienne
Égypte avait pour lui une vénération qui tenait de la

superstition. Après sa mort l'Ibis était embaumé avec le plus grand soin, mis dans un vase conique et déposé dans le *trou aux oiseaux* aux plaines de Memphis ou de Thèbes. Selon les uns, les Égyptiens croyaient que l'Ibis leur rendait de grands services contre les serpents venimeux; selon les autres, la vénération des Égyptiens pour l'Ibis venait de ce que son apparition en Égypte annonçait le débordement du Nil.

Il y a beaucoup d'espèces d'Ibis; nous donnons le portrait des deux plus remarquables : l'Ibis rouge et l'Ibis sacré, celui qui était vénéré en Égypte.

Les Ibis ont, en général, des mœurs douces et paisibles. Ils vivent en société par petites troupes de six à huit individus. Ils se nourrissent d'herbes, d'insectes et de coquillages. Ils voyagent beaucoup, recherchent les lieux humides et marécageux, et parcourent toutes les parties chaudes des deux continents. Une fois unis, les Ibis ne sont séparés que par la mort; le mâle et la femelle ont l'un pour l'autre la plus vive tendresse.

JASEUR DE BOHÊME.

Le Jaseur de Bohême est un oiseau qui n'est pas plus gros qu'un moineau. Son plumage est fort joli : il offre une agréable distribution de teintes grises et

3

vineuses. La gorge est noire, la queue noire bordée de jaune, et l'aile noire variée de blanc. La tête est ornée d'un toupet de plumes un peu plus allongées que les autres.

Le Jaseur, malgré le nom qu'il porte, est un oiseau assez silencieux ; il ne fait entendre qu'un cri faible : zi, zi, zi. Il habite pendant l'été le nord de l'Europe, et, là, il fait son ramage, qui est un peu plus accentué que dans les contrées où il vient passer l'hiver.

Il émigre régulièrement dans les pays chauds, mais il ne vient que rarement dans les climats tempérés ; ce qui l'a fait regarder comme un oiseau de mauvais augure. Il voyage toujours par grandes troupes ; il est stupide, très-facile à prendre et plus facile encore à nourrir, car il mange de tout. Sa chair est d'un goût exquis. Il niche dans les fonds de rocher et pond quatre œufs d'un blanc sale.

Quand il passe en Italie, il en vient une si grande quantité, qu'on en voit souvent plus d'un cent à la fois. Aussi en l'air on les chasse très-abondamment. Ses plumes sont douces comme la soie.

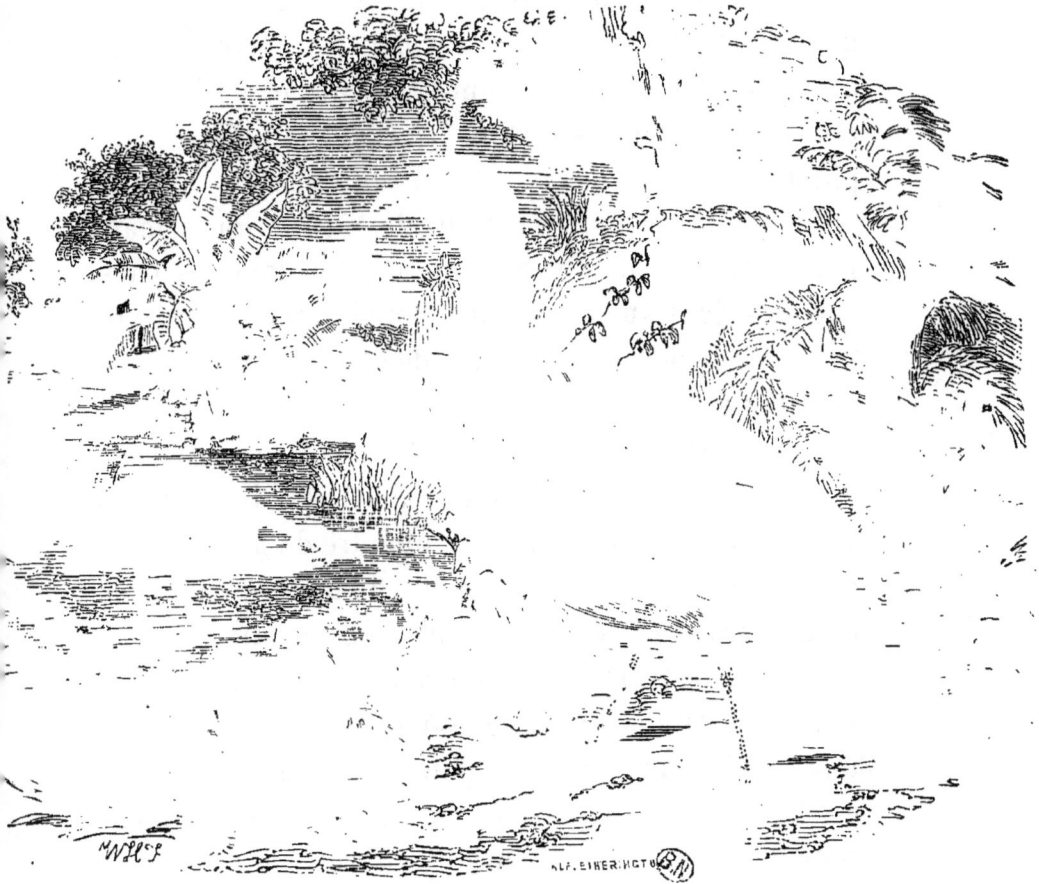

KAMICHI.

Le Kamichi est un oiseau de la grandeur d'une oie.
Son plumage est noirâtre, avec une tache rousse à

l'épaule. Ce qui le distingue particulièrement, c'est un appendice corné qui surmonte sa tête comme une petite tige droite, mince, mobile et de la hauteur de trois pouces environ, qui lui fait une sorte de plumet.

Les Kamichi sont des oiseaux demi-aquatiques, mais non nageurs, qui vivent deux à deux dans les pays inondés de l'Amérique méridionale. On a constaté qu'ils ne se nourrissaient que de plantes et de graines aquatiques.

Cet oiseau, nommé *Camouche* à la Guyane, y est assez rare et ne se trouve que dans certains cantons voisins de la mer, où il fait entendre de loin sa voix éclatante. Il s'y nourrit d'herbes tendres, quelquefois de graines et construit son nid dans les joncs.

Il y a une autre espèce de Kamichi que celle dont nous venons de parler : elle n'a pas de corne sur la tête, mais une huppe de plumes rouges en cercle, qu'il relève quand il vole. Cet oiseau est de la grosseur d'un coq; mais il paraît plus volumineux parce que sa peau se gonfle d'air; il est très-susceptible de s'apprivoiser. Domestique, il s'attache à la basse-cour, accompagne les autres oiseaux aux champs et les garde comme un chien fidèle.

LORIOT.

LORIOT JAUNE.

Le Loriot jaune, vulgairement appelé *Compère Loriot*, est un des plus gros oiseaux que nous ayons en Europe : sa taille est à peu près celle du merle. Le mâle est d'un beau jaune ; les ailes, la queue et une tache entre l'œil et le bec, sont noires, le bout de la queue est jaune.

Le passage des Loriots en France a lieu au mois d'avril, quand ils reviennent d'Afrique, et au mois d'août, quand ils y retournent pour passer l'hiver. Dès leur arrivée, les Loriots travaillent à leurs nids, qu'ils établissent sur de grands arbres. Ces nids sont d'un travail admirable ; ils les assujettissent à deux petites branches, attachent autour de longs brins de paille, de chanvre ou de laine, dont les uns, allant droit d'un rameau à l'autre, forment le bord du nid par devant, et les autres, venant se fixer à la branche opposée, donnent de la solidité à l'ouvrage. L'intérieur du nid est tapissé d'une couche de mousse, de toiles d'araignée et de plumes, sur laquelle la femelle dépose ses œufs. C'est avec des insectes et des larves que les Loriots nourrissent leurs petits. Ils se défendent contre leurs ennemis et même contre l'homme.

MARTIN-PÊCHEUR VULGAIRE.

Le Martin-Pêcheur vulgaire est une espèce euro-
péenne, qui, pour la beauté des couleurs, rivaliserait
avec les plus brillants passereaux des régions tropi-
cales. Sa taille est celle d'un moineau ; son plumage

est lisse, et lui permet de plonger dans l'eau sans in-
convénient ; le dos, la croupe, la couverture supé-
rieure de la queue, sont d'un bleu d'azur éclatant ;
cette couleur forme des mouchetures sur la tête et les
scapulaires ; les autres parties supérieures du corps
sont d'un verdâtre changeant.

Le Martin-Pêcheur est triste, sauvage et méfiant ;
il vit solitaire pendant presque toute l'année. Il part
d'un vol rapide, et file le long des contours des ruis-
seaux, en rasant la surface de l'eau, puis il va se po-
ser sur une pierre ou sur une branche sèche qui
s'avance au-dessus du courant ; c'est de là qu'il guette
patiemment sa proie, et se précipite d'aplomb sur les
poissons et les insectes aquatiques dont il se nourrit ;
après une courte immersion il sort de l'eau, tenant
dans son bec le poisson, qu'il va battre ensuite sur la
pierre pour l'assommer avant de l'avaler.

Les anciens croyaient que son corps desséché re-
poussait la foudre ; qu'à la personne qui le portait
sur soi il communiquait la grâce et la beauté ; qu'il
donnait le calme à la mer et rendait la pêche abon-
dante sur toutes les eaux. Dans nos campagnes, on le
place en guise de sachet dans les étoffes de laine,
dont on prétend qu'il éloigne les teignes.

NOTORNIS.

Ce genre curieux a pour type une espèce des terres orientales, dont on a trouvé le squelette à demi fossile et dont il ne reste au monde qu'un petit nombre d'individus. Celui qui a été dessiné a été pris derrière l'île de la Révolution par des pêcheurs de phoques, qui, ayant remarqué ses traces sur la neige, le suivirent jusqu'au lieu où il s'était retiré; il prit la fuite en courant rapidement devant les chiens, qui le poursuivirent et finirent par l'atteindre; il jeta des cris aigus et se débattit longtemps; on le garda vivant pendant quelques jours; son corps fut rôti et mangé par les matelots, qui le trouvèrent très-bon.

Celui qui est représenté par notre gravure s'appelle *Notornis de Mantell*, du nom du célèbre voyageur Mantell, qui l'a observé le premier. Ses ailes sont très-courtes et très-faibles; il ne peut voler, mais sa course est très-rapide. Il nage probablement. L'épaisseur de son plumage porte à croire qu'il habite de préférence les lieux humides. La tête, le cou, la poitrine, le haut du ventre et les flancs sont d'un beau bleu purpurin; le dos, d'un vert olive foncé; une bande d'un beau bleu sépare le bleu purpurin du cou, et le vert du dos; le bas-ventre et les cuisses sont d'un noir blanchâtre terne; les ailes d'un beau bleu foncé; la queue est vert foncé; le bec, les pattes et les yeux, d'un rouge brillant. En somme, c'est un fort bel oiseau revêtu d'un magnifique plumage; il a environ deux pieds de hauteur.

OUTARDE CANEPETIÈRE.

La Grande Ouarde, représentée par notre gravure, est le plus gros des oiseaux d'Europe. Sa taille est de trois à quatre pieds; son plumage est jaune, traversé sur le dos par des traits noirs, et grisâtre sur la tête, le cou et la poitrine. Le mâle a les plumes des oreilles allongées formant des espèces de moustaches. L'Outarde habite l'est de l'Europe; elle est de passage en Allemagne et en France. On la voit arriver en hiver dans les grandes plaines de la Provence et de la Champagne; elle y vit par troupes de plusieurs milliers d'individus et y demeure jusqu'au printemps. Les Outardes ne font pas de nids; elles creusent un petit trou dans la terre nue et y déposent leurs œufs. Elles les abandonnent si elles remarquent qu'on y ait touché en leur absence.

Les Outardes sont des oiseaux lourds et farouches, volant peu, mais courant très-vite à travers les plaines. On n'a pas encore pu les réduire en domesticité; c'est fâcheux, car cet oiseau est un de nos meilleurs gibiers.

Il y a deux espèces d'Outardes, la grande, dont nous venons de parler, et la petite, qui est plus rare.

PERDRIX.

Il y a deux espèces de Perdrix : la *rouge* et la *grise*.
La rouge est ainsi nommée de la couleur de ses pattes.
Elle se tient sur les montagnes qui produisent beau-
coup de bruyères.

La Perdrix est le plus fécond des gallinacés sauvages : elle pond quelquefois jusqu'à vingt œufs et même plus. Son nid est tout simplement un trou qu'elle gratte dans la terre, ou bien un pas de cheval ou de bœuf qu'elle garnit de feuilles ; elle prend quelquefois la précaution de l'abriter dans un petit buisson ou sous une touffe d'herbes. Le père et la mère montrent également une vive affection pour leur progéniture. Ils rivalisent de soins et d'attentions, lui indiquent la nourriture qui lui est propre et la défendent courageusement contre leurs ennemis. Quand ils sont découverts par un chien, ils ne songent pas à lui opposer la force, ils se servent de la ruse : le mâle avertit la famille par un cri de détresse, puis il prend son vol du côté du danger, traînant de l'aile et affectant une grande faiblesse, de manière à tromper le chien et à lui faire croire qu'il suit une proie facile ; le chien le suit loin de la couvée ; en même temps, la femelle s'envole dans une direction opposée ; mais elle revient bientôt rappeler sa famille dispersée, qui s'est blottie sous l'herbe ou le chaume ; elle la rassemble et la guide loin du danger ; alors le mâle revient auprès de la famille sauvée par son adresse, et tous chantent ensemble cet heureux résultat.

QUISCALE.

Cet oiseau, qui constitue la principale espèce du genre Quiscale, se trouve dans les défrichements et les plaines cultivées de l'Amérique septentrionale. On le rencontre aussi très-fréquemment dans les Grandes-Antilles, surtout aux îles de la Martinique et de Cuba.

Les mœurs du Quiscale versicolore présentent une grande analogie avec celles de l'étourneau ou sansonnet. De même que notre sansonnet d'Europe, il vole par troupes nombreuses et se plaît à suivre le laboureur pour chercher sa nourriture dans le sillon fraîchement ouvert. Il y trouve des vers, des insectes, des limaces, et surtout des graines que la charrue met à découvert.

Les Quiscales suivent les troupeaux de bœufs et de moutons, et il n'est pas rare de les voir perchés sur le dos de ces tranquilles animaux, dont ils peignent, du bec et des pattes, l'épaisse toison pour chercher les insectes qui s'y trouvent en abondance.

Ils sont si peu farouches, qu'ils s'aventurent souvent jusqu'au milieu des habitations. On prétend qu'aux environs de la Havane ils s'abattent par troupes sur les sucreries, et que, s'ils parviennent à s'emparer d'un morceau de sucre, ils se dirigent aussitôt du côté de la rivière pour l'y tremper et le manger plus facilement.

Au printemps, les Quiscales font leurs nids et les placent les uns près des autres sur les arbres. On en voit souvent jusqu'à quinze réunis sur le même arbre

ROITELET MOUSTACHE ET SON NID.

Les Roitelets sont de petits oiseaux insectivores,

4

très-agiles et peu frileux, vivant l'hiver en famille, comme les mésanges. Le *Roitelet huppé* est le plus petit de nos oiseaux d'Europe; il n'a guère plus de trois pouces de long. Sa tête est ornée d'une petite couronne aurore bordée de noir sur chaque côté, et dont les plumes peuvent se relever en huppe; son plumage est fort joli, il est marié de vert, de jaune, de roux et de blanc.

Ce joli petit oiseau se tient dans les bois et les taillis, sans cesse en mouvement. Il fait entendre un cri continuel, *zi, zi, zi, zi*. Il est peu méfiant et se laisse approcher de très-près. Son nid, artistement construit, est suspendu aux branches d'un hêtre ou d'un sapin; sa forme est celle d'une boule; l'extérieur est tissu de mousse et de toiles d'araignée, l'intérieur est tapissé d'un duvet moelleux.

Le *Roitelet moustache* ne se distingue du précédent que par une plus grande vivacité dans les couleurs. Il a une petite moustache.

SANSONNETS. — ÉTOURNEAUX.

Les Étourneaux sont des oiseaux très-répandus.
Leur taille est de huit pouces et demi. Leur plumage

est fort éclatant, noir avec des reflets violets et verts, et tacheté de blanc et de fauve.

Les Sansonnets, l'été, se trouvent de préférence dans les lieux humides, les prairies, les marécages; l'hiver, ils se retirent dans les tours, sous les toits des maisons et dans les trous qu'ils y rencontrent. Ils fréquentent les bestiaux, dans la fiente desquels ils trouvent leur pâture. Ils se nourrissent d'insectes, de scarabées, de vermisseaux, de baies de sureau, de raisin et de ronces; il sont très-gourmands et très-voraces. Ils se plaisent en société et vont par bandes avec certaines espèces de grives. Ces oiseaux sont quelquefois en si grand nombre et volent si rapidement, que le vent qu'ils font ressemble à un tourbillon. Ils s'apprivoisent facilement, et, quoique leur voix soit rauque et aiguë, l'éducation donne à leur organe vocal une grande flexibilité. Ils apprennent à siffler, à chanter, et même à parler presque aussi bien que les perroquets.

TACHYPHONE.

Les Tachyphones archevêques, oiseaux extrêmement communs au Brésil, vivent réunis en petites troupes et habitent de préférence les plateaux situés dans l'intérieur des terres.

Ces oiseaux sont turbulents et querelleurs, et, après quelques coups de bec, finissent presque toujours par demeurer seuls maîtres du bananier sur lequel ils veulent établir domicile, pour puiser tout à l'aise, dans les fruits savoureux de cet arbre magnifique, les sucs dont leur nourriture est presque entièrement composée.

Les champs de maïs se couvrent, après la récolte, d'une végétation luxuriante. Les archevêques choisissent ce moment pour aller à la conquête de ces greniers d'abondance. Les différentes bandes se réunissent en corps d'armée et se précipitent sur la plaine qu'elles veulent dépouiller. Pour être plus libres, elles commencent par combattre et mettre en déroute les oiseaux plus faibles qui occupaient le champ avant leur arrivée.

Lorsqu'ils sont rassasiés, les archevêques vont se percher sur les arbres voisins. Alors seulement les petits oiseaux se hasardent à revenir pour se repaître des restes qu'a bien voulu leur abandonner la gloutonnerie des Tachyphones.

Le plumage du mâle est lilas; son chant flûté est plein d'harmonie et offre quelque analogie avec le ramage du Linot d'Europe.

La femelle a le plumage d'une seule couleur, généralement gris olivâtre, et fait entendre de temps en temps un cri semblable à un coup de sifflet.

URIAX ET AUTRES PALMIPÈDES.

URIAX OU GUILLEMOT.

Les Uriax ou Guillemots sont des oiseaux qui habitent les mers arctiques, et émigrent vers le sud en hiver, en voletant le long des côtes et rasant la surface des flots. Ils se nourrissent de mollusques, d'insectes, de crustacés et de petits poissons. Ils appartiennent à l'ordre nombreux des Palmipèdes, et ont des pattes courtes et placées à l'arrière du corps, comme tous les individus de leur genre; ils sont essentiellement nageurs et ont les tarses comprimés pour mieux fendre l'eau, et les doigts réunis par des palmures pour opposer plus de surface à la résistance de cet élément. Leur plumage est serré et imprégné d'un suc huileux qui le rend imperméable à l'humidité et permet à l'oiseau de nager sans se mouiller. Leur cou est très-long, et il en doit être ainsi, puisqu'ils sont obligés de chercher leur nourriture dans les eaux profondes.

Cet ordre des Palmipèdes contient beaucoup d'oiseaux très-remarquables et très-renommés, le Pélican, l'Albatros, la Frégate, etc., etc., qui habitent les rivages des mers. Nous avons aussi beaucoup de Palmipèdes domestiques, l'Oie, le Canard, le Cygne, etc.

VEUVE.

On a donné le nom de Veuves à quelques oiseaux, à cause de la couleur noire qui domine dans leur plumage et de la longueur de leur queue, qui est traînante, ce qui leur donne un air désolé. Ils habitent tous les régions chaudes.

Il y en a trois espèces. La première est connue sous le nom de *Veuve à collier d'or ;* son cou est orné d'un demi-collier très-large d'un jaune doré. Elle a les cuisses et le ventre blancs, et le reste du corps noir ; elle a une queue très-longue qui tombe tous les ans, ainsi que son plumage, qui devient semblable à celui du paon des Ardennes. Dans cette toilette d'hiver, la Veuve a la tête variée de noir et de blanc, la poitrine, le dos et les ailes d'un orange terne moucheté de noir.

La seconde espèce est la *Veuve dominicaine,* ainsi nommée à cause de son plumage noir et blanc.

La troisième espèce, beaucoup plus grande, est d'un beau noir velouté ; elle a les petites couvertures des ailes d'un rouge éclatant. On la nomme *Veuve à épaulettes.*

Les Veuves font leurs nids avec du coton ; ce nid a deux étages ; le mâle loge au premier et la femelle au rez-de-chaussée.

Ce sont des oiseaux très-vifs, très-remuants, qui lèvent et baissent sans cesse leur longue queue. Ils aiment beaucoup à se baigner et vivent de douze à quinze ans. On les apprivoise très-bien.

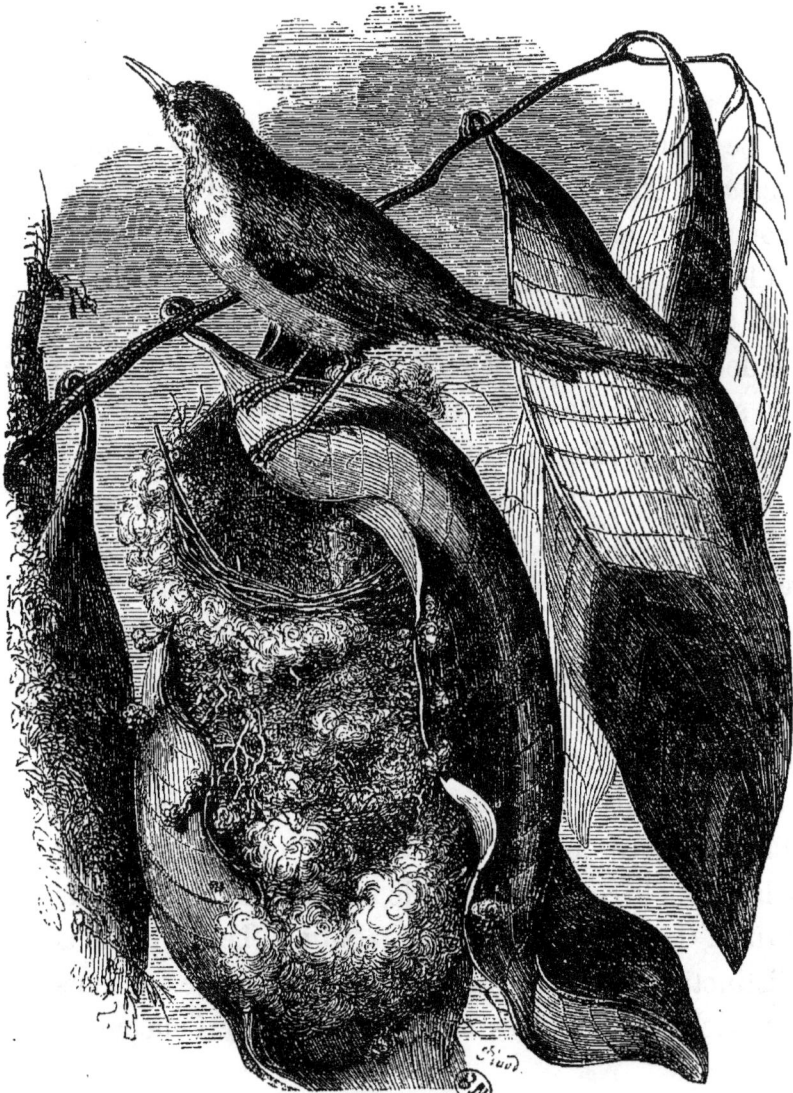

XANTHORNUS.

XANTHORNUS.

Le Xanthornus s'appelle communément le *Carouge Jamacaï*. C'est un oiseau de la taille du Merle ; il a huit pouces de longueur, les parties supérieures, la tête et les rémiges, jaunes ; une bande sur le dos d'un noir pur ; les parties inférieures sont jaunâtres ; la gorge, le devant du cou, le bec et les pieds, noirs. Cet oiseau ne se trouve que dans certaines parties du Brésil. Sa voix est mélodieuse autant que son plumage est brillant. Il vit par troupes dans les plaines, sur les goyaviers, dont il recherche le fruit à cause de sa pulpe aromatique et sucrée. Les semences du goyavier ne perdent pas leur vertu germinative après avoir été soumises, dans l'estomac de l'oiseau, au travail de la digestion, de sorte que cet oiseau sème lui-même l'arbre dont il se nourrit.

Il y a encore un autre *Carouge* qu'on appelle *Carouge Brunet*, parce que son plumage est d'un noir violet ; il a la tête et le cou gris-brun, le bec noirâtre et les pieds bruns. Cet oiseau habite les États-Unis. Le trait le plus distinctif de ses habitudes, c'est qu'il dépose ses œufs dans le nid des autres oiseaux, comme le Coucou.

YUNX.

Les Yunx se nomment aussi les *Picidés*. Les plus remarquables de cette famille sont ceux qui lui donnent

leur nom, les *Pics*. Les Pics sont, de tous les Passereaux, ceux qui possèdent le plus la faculté de grimper.
On les voit parcourir en tous sens le tronc des arbres,
tantôt perpendiculairement de bas en haut ou même
de haut en bas, tantôt horizontalement ou en spirale ;
mais ils ne grimpent pas comme les Perroquets en po-
sant un pied après l'autre et en s'aidant de leur bec.
Leur nourriture consiste surtout en larves d'insectes
qui vivent entre le bois et l'écorce des arbres ; ils s'en
emparent, soit en frappant avec le bec sur le tronc, et
produisant une secousse qui fait sortir l'insecte de son
trou, soit en enfonçant rapidement leur langue gluante
dans la fente de l'écorce. On les voit, quand ils ont
frappé d'un côté, courir rapidement du côté opposé.
Ce n'est pas, comme le croient bien des gens, pour
voir s'ils ont transpercé l'arbre, mais bien pour saisir
l'insecte que leur coup de bec a mis en mouvement.
Il y a plusieurs espèces de *Pics;* celle que notre gravure représente est le grand *Pic épisèche*. Cette espèce
n'est pas rare en France ; elle parcourt continuelle-
ment les bois et les vergers pour y chercher sa nourriture ; elle se nourrit d'insectes et de noisettes.

ZIZI BRUANT.

Le Bruant est un oiseau très-célèbre parmi les gas-
tronomes sous le nom d'*Ortolan*. C'est le manger le
plus délicat que l'on connaisse. Le Bruant est un tout
petit oiseau de six pouces de longueur; le dos est brun

olivâtre, la gorge jaunâtre, les deux plumes externes
de la queue sont blanches en dedans. La chair devient
très-grasse en automne; elle fait alors les délices des
gourmands très-riches, car cet oiseau se vend très-cher.
Son chant mérite aussi d'être cité; il est varié et se
fait entendre au printemps, la nuit comme le jour; le
mâle emprunte même quelques modulations au chant
des autres oiseaux près desquels on le place. Il niche
dans les buissons ou les champs de colza. Son nid, com-
posé d'herbe et de crin, contient cinq œufs. Ce *Bruant*
s'appelle *Bruant Ortolan;* c'est celui que figure notre
gravure. Il y a encore plusieurs espèces de Bruant, et
parmi elles le *Zizi Bruant.* Il a la gorge noire et les
côtés de la tête jaunes ; il est un peu plus gros que le
Bruant Ortolan ; mais sa chair n'est pas, à beaucoup
près, aussi délicate. Il est répandu dans le midi de
l'Europe ; il niche près de terre, dans les taillis ; ses
mœurs sont les mêmes que celles du Bruant Ortolan et
du *Bruant commun,* très-répandu en France sous le
nom de *Verdine* ou *Bruant jaune.*

FIN

ALPHABETS

ET

PETITS LIVRES ILLUSTRÉS

POUR LES ENFANTS

Noir, 50 cent.; colorié, 1 fr.

LE FABULISTE DES ENFANTS

ALPHABET MILITAIRE

ALPHABET DES ANIMAUX — ALPHABET PITTORESQUE

ALPHABET DES OISEAUX

PARIS. — IMP. SIMON RAÇON ET COMP., RUE D'ERFURTH, 1.

www.ingramcontent.com/pod-product-compliance
Lightning Source LLC
LaVergne TN
LVHW021724080426
835510LV00010B/1123